Université de France.

ACADÉMIE DE STRASBOURG.

ACTE PUBLIC
POUR LA LICENCE,

PRÉSENTÉ

A LA FACULTÉ DE DROIT DE STRASBOURG,

ET SOUTENU PUBLIQUEMENT

le vendredi, 25 août 1843, à midi,

PAR

GASTON FOSSEY,

DE FALAISE (DÉPARTEMENT DU CALVADOS).

STRASBOURG,
IMPRIMERIE DE G. SILBERMANN, PLACE SAINT-THOMAS, 3.
1843.

A MON PÈRE.

G. FOSSEY.

FACULTÉ DE DROIT DE STRASBOURG.

M. Rauter, doyen.

M. Rau, président de la thèse.

Examinateurs.
{ MM. Rau,
  Blœchel,
  Rauter, } professeurs.
  Eschbach, professeur suppléant.

DROIT CIVIL.

DES DONATIONS PAR CONTRAT DE MARIAGE ET DES DISPOSITIONS ENTRE ÉPOUX.

(Art. 1081 à 1100, liv. 3, tit, 2, chap. 8 et 9.)

INTRODUCTION.

Il existe deux genres de donations que le législateur a cru devoir ranger dans une classe à part ; ce sont les donations faites par contrat de mariage aux époux et aux enfants à naître du mariage, et les donations entre époux.

En effet, le législateur a dû encourager les mariages, et toute loi qui ne partirait pas de ce principe, serait contraire à la politique et à l'humanité.

De plus, il eût été injuste de priver le donateur, qui le plus souvent est le père de l'un des futurs époux, de la faculté de disposer au profit de sa postérité.

On ne saurait trop admirer la sollicitude du législateur pour les donations par contrat de mariage faites par des tiers, aux futurs époux et aux enfants à naître du mariage ; il en a tracé les règles avec sagesse, et a prévu les hypothèses que le caractère, le degré de parenté, l'affection, l'intérêt des parties, pourraient faire naître, en suivant dans ces différentes règles une marche progressive.

La même gradation a lieu pour les donations entre époux; mais la loi ne leur accorde pas autant de latitude; elle a mis certaines restrictions à la quotité de biens que les époux pourraient se donner; car il n'était pas juste de priver les enfants entièrement, puisque c'est en vue des enfants que le mariage s'est contracté.

Les seconds mariages, lorsqu'il y a des enfants du premier lit, ont été vus avec beaucoup de défaveur par le législateur: aussi a-t-il apporté des modifications encore plus importantes, en restreignant encore plus la quotité disponible.

La loi nous ayant tracé la division à suivre, nous n'en adopterons pas d'autres.

PREMIÈRE PARTIE.

DES DONATIONS FAITES PAR CONTRAT DE MARIAGE AUX ÉPOUX ET AUX
ENFANTS A NAITRE DU MARIAGE.

CHAPITRE PREMIER.

DONATIONS ENTRE-VIFS DE BIENS PRÉSENTS.

Toute donation entre-vifs de biens présents, quoique faite par contrat de mariage aux époux ou à l'un d'eux, sera soumise aux règles prescrites pour les donations ordinaires (art. 1081).

Toute donation de ce genre est donc une véritable donation entre-vifs et soumise aux règles de ces donations, sauf quelques exceptions.

1° Ainsi le donataire devient propriétaire sur-le-champ, la caductié prononcée par l'art. 1089, en cas de prédécès du donataire et de sa postérité, ne s'applique pas à cette espèce de donation.

2° La donation peut être de corps certains, comme une maison, ou de la moitié, du quart des biens du donateur; en un mot, à titre particulier ou à titre universel, ou universelle; le donataire d'objets spéciaux n'est point tenu des dettes, le donataire d'une quotité y est tenu pour sa part.

3° Le donateur peut user de la faculté accordée par l'art. 949, de faire la réserve à son profit, ou de disposer au profit d'un autre de la jouissance ou de l'usufruit des biens meubles ou immeubles donnés.

4° Les art. 951 et 952 sont applicables.

5° La donation est révoquée pour cause de survenance d'enfants (art. 960).

6° Tout acte de donation d'effets mobiliers ne sera valable que pour les effets dont un état estimatif signé du donateur et du donataire aura été annexé à la minute.

7° La transcription est exigée comme pour les donations ordinaires (art. 939).

Mais l'art. 1081 ne parle que des règles *générales* prescrites pour les donations entre-vifs ordinaires; toutes les règles de ces donations ne sont donc pas applicables aux donations entre-vifs de biens présents, faites aux époux et aux enfants à naître du mariage.

1° Ainsi ce genre de donations n'est point révocable pour cause d'ingratitude (art. 959).

2° Toute donation faite en faveur du mariage, est caduque, si le mariage ne s'ensuit pas (art. 1088). *Cessante causâ, cessat effectus.*

3° Les donations faites par contrat de mariage, ne peuvent être attaquées ni déclarées nulles, sous le prétexte de défaut d'acceptation.

4° Enfin si la donation est faite par contrat de mariage, elle pourra être faite sous des conditions, dont l'exécution dépendra de la seule volonté du donateur, et en cas que le donateur se soit réservé la liberté de disposer d'un effet compris dans la donation de ses biens présents, ou d'une somme fixe à prendre sur ces mêmes biens, l'effet ou la somme, s'il meurt sans en avoir disposé, seront censés compris dans la donation, et appartiendront au donataire ou à ses héritiers (art. 947 et 1086).

D'après le dernier alinéa de l'art. 1081, la donation dont s'agit, ne

F

1.

pouvait avoir lieu qu'au profit des enfants nés ou à naître au premier degré seulement, et de la part des père et mère, frères ou sœurs, mourant sans enfants; ainsi c'était par une substitution fidéicommissaire que ces enfants profitaient de la donation; ce n'est toujours qu'en vertu d'une substitution fidéicommissaire qu'ils peuvent recueillir, lorsqu'ils sont institués: mais d'après la loi du 17 mai 1826, cette donation entre-vifs de biens présents peut avoir lieu avec charge de restitution, n'importe quel soit le donateur, et cela au profit d'un ou de plusieurs enfants nés ou à naître et jusqu'au deuxième degré inclusivement.

Cette donation peut être faite aux époux ou à l'un d'eux par un ou plusieurs donateurs.

Cette donation peut être faite par tout autre acte que par le contrat de mariage mais il faut que cet acte soit antérieur à la célébration du mariage devant l'officier de l'état civil. En effet, l'art. 1081 dit: *Quoique faite par contrat de mariage,* ce qui donne à entendre qu'elle peut être faite par un autre acte, mais il fandra qu'elle soit acceptée, sinon elle pourra être révoquée en vertu de l'art. 932, et elle sera soumise aux art. 943, 944, 945 et 946.

CHAPITRE II.

DONATION DE BIENS A VENIR.

Les donations de biens à venir ou *institutions contractuelles* remontent au droit féodal. Les nobles seuls, dans l'origine, purent faire, par contrat de mariage, des dispositions relatives à leurs successions *futures*.

Les *institutions contractuelles* étaient établies sous les yeux du seigneur, dans la vue d'assurer le fief de l'instituant aux héritiers institués (soit le futur, soit les enfants à naître). L'institution était irrévocable.

Dans les pays coutumiers qui n'admettaient pas d'héritier testamentaire, on admettait par suite de cet usage féodal l'héritier contractuel.

Ainsi il n'est pas douteux que c'est de cette coutume générale entre les nobles, que c'est par conséquent du droit féodal que sont dérivées les institutions contractuelles, et l'irrévocabilité qui les caractérise, quoiqu'elles s'appliquent à des objets futurs, vient de cette transmission anticipée du fief, qui se faisait sous les auspices du seigneur.

L'institution contractuelle a donc son caractère particulier, elle est *sui generis.*

Le caractère général consiste dans le dessaisissement du disposant, dessaisissement partiel, il est vrai, mais existant cependant, car le donateur ne peut plus disposer à titre gratuit des objets compris dans l'institution, si ce n'est pour sommes modiques, à titre de récompense ou autrement.

Du reste, l'institution contractuelle favorise singulièrement le mariage, en ce que, en assurant la succession du disposant au futur époux donataire, elle ne dépouille pas le donateur : d'où il résulte que les tiers et les parents eux-mêmes doivent être plus facilement portés à faire une libéralité de cette nature.

L'institution doit être universelle ou à titre universel.

L'institution contractuelle ne peut être faite que par contrat de mariage (art. 1082).

Elle est faite au profit des époux et des enfants à naître du mariage, mais on ne peut la faire au profit des enfants seulement.

Il y a toujours présomption que l'institution a été faite au profit des enfants, bien que le contrat de mariage ne l'indique pas (art. 1082), et lorsque les époux ne recueillent pas le bénéfice de l'institution, les enfants viennent *jure proprio,* ils sont substitués ; ainsi ils ne viennent pas par représentation, et peuvent, au cas où ils auraient répudié la succession de leur père, accepter l'institution, pourvu toutefois que leur père n'ait pas survécu au donateur.

Le donateur peut faire l'institution contractuelle avec charge de restitution aux enfants (art. 1048).

L'institution n'est caduque que si le donateur survit au donataire ou à sa postérité.

Les petits enfants succèdent par souche et non par têtes.

Le donataire ne peut, du vivant du donateur, disposer en aucune manière de l'institution.

Le donateur peut stipuler que l'institution sera caduque, si le donataire meurt avant lui (art. 951 et 952); il peut donc stipuler qu'il pourra distribuer les biens compris dans l'institution comme il le jugera convenable.

L'institution contractuelle ne peut être faite qu'au profit des époux ou de l'un d'eux, et des enfants et descendants à naître du mariage; on ne peut donc faire un héritier irrévocablement par contrat, qu'en faveur du mariage; ainsi les clauses d'association qui existaient dans l'ancien droit, ne peuvent plus exister sous l'empire du Code civil.

L'institution contractuelle ne s'ouvre qu'à la mort naturelle ou civile du disposant; le donataire doit donc être capable de recevoir à cette époque; autrement il ne recueillerait pas, et les enfants viendraient à défaut de leur père.

Quels sont les effets de l'institution contractuelle?

Le donateur ne peut faire un héritier au préjudice de l'institution (art. 1083), mais il peut vendre, échanger, transiger et faire tous autres actes à titre onéreux et de bonne foi; mais si par une vente simulée, l'instituant a donné tout ou partie de l'institution, l'institué peut être admis à prouver la simulation, mais seulement à la mort de l'instituant.

L'instituant peut disposer de l'institution moyennant une rente viagère.

C'est la loi en vigueur à l'époque du contrat qui règle la validité d'une institution contractuelle (arrêt de la Cour de Limoges du 26 juin 1822, Sirey, XXII, 2, 276).

L'institué contractuellement est tenu personnellement des dettes et charges de la succession, eu égard, à la quotité qui lui a été donnée, et il est tenu hypothécairement pour le tout, sauf son recours contre qui de droit.

S'il n'y a pas d'héritier réservataire, et que l'institution soit de la totalité des biens, l'institué est saisi de plein droit par la mort du défunt (arg. art. 1006). Dans tout autre cas il devra demander l'envoi en possession aux héritiers (arg. art. 1004 et 1011).

Les effets de l'institution contractuelle sont les mêmes activement et passivement que ceux de l'hérédité légitime.

L'institution contractuelle devient caduque si le donateur survit à l'époux donateur et à la postérité issue de ce mariage.

Elle est révoquée par survenance d'enfants (art. 960).

L'institution ne peut être attaquée ni déclarée nulle, sous prétexte de défaut d'acceptation, car elle est censée acceptée du moment que le mariage s'ensuit.

La femme mariée a besoin du consentement de son mari ou de l'autorisation de la justice pour faire une institution contractuelle, car l'art. 905 défend à la femme de donner sans le consentement de son mari, ou à son refus sans l'autorisation de la justice.

Le délai pour attaquer une institution contractuelle faite par un incapable est de dix ans (art. 1304).

CHAPITRE III.

DE LA DONATION DE BIENS PRÉSENTS ET A VENIR FAITE CUMULATIVEMENT.

La donation par contrat de mariage peut être faite cumulativement des biens présents et à venir en tout ou partie, à la charge qu'il sera annexé à l'acte de donation un état des dettes et charges du donateur, existantes au jour de la donation, auquel cas il sera libre au donataire, lors du décès du donateur, de s'en tenir aux biens présents, en renonçant au surplus des biens du donateur.

La donation dont s'agit, ne reçoit complétement son effet, que lorsque le donateur a donné par la même disposition l'universalité ou une partie des biens présents et à venir, et que de plus un acte des dettes et charges du donateur, existantes au jour de la donation, a été annexé à ce même acte de donation, sans quoi cette donation n'est qu'une institution contractuelle.

(L'état des dettes n'était pas exigé par l'ordonnance de 1731, ce qui a apporté une notable modification).

Ainsi deux hypothèses peuvent se présenter, ou l'état des dettes exigé par l'art. 1084 a été annexé à l'acte, ou il ne l'a pas été. Dans ce dernier cas nous rentrons dans l'hypothèse prévue par l'art. 1085, et alors, comme je l'ai dit plus haut, ce n'est qu'une institution contractuelle.

Mais dans le premier cas, si un état des dettes et charges a été annexé, la question devient plus délicate; le donataire peut déclarer qu'il s'en tient aux biens présents et répudier les biens à venir; il peut donc diviser la disposition; et il s'est élevé de sérieuses difficultés pour savoir quel était le caractère de cette disposition.

Le donataire est-il saisi par la donation du vivant même du donateur, ou bien n'a-t-il des droits qu'à la mort du donateur?

Cette donation devient-elle caduque par le prédécès du donataire et de sa postérité?

L'art. 1089 pose un principe général de caducité, et l'art. 1084 auquel il se réfère, est l'article qui traite des donations dont s'agit. Ainsi cet article est décisif, cette donation devient caduque par le prédécès du donataire et de sa postérité; de là découle cette conséquence qu'il n'y a pas *saisine* du vivant du donateur, et puis l'art. 1084 dit : *auquel cas il sera libre au donataire lors du décès du donateur*, etc., ce n'est donc qu'à la mort du donateur que le donataire pourra faire valoir ses droits.

De la *non-saisine*, il résulte que le donateur reste en possession et jouissance des biens compris dans la donation, mais il ne peut disposer à aucun titre que ce soit, des biens compris dans la donation de biens présents.

Le donataire ne peut non plus, du vivant du donateur, disposer des biens présents et à venir au préjudice des enfants nés ou à naître du mariage, car ils sont toujours censés substitués et peuvent recueillir *jure proprio*, lors même qu'ils répudient la succession de leur père.

Les enfants issus du mariage, au profit duquel a été faite cette donation, peuvent seuls profiter du bénifice de cette disposition, si leurs parents décèdent avant le donateur.

L'institution contractuelle ne dépouille que partiellement l'instituant, mais il en est autrement dans la donation dont s'agit : le donateur ne conserve que la jouissance des biens présents, il est dessaisi de la propriété; de là le donataire a un pouvoir rétroactif sur les aliénations faites par le donateur; mais cela ne peut avoir lieu que lorsque le donataire opte pour une division, renonce aux biens à venir, car s'il acceptait les biens à venir, il serait soumis aux dettes et charges (art. 1085).

La transcription pour les immeubles compris dans les biens présents est requise.

Cette donation est caduque si le mariage ne s'ensuit pas (art. 1088).

Elle est réductible lors de l'ouverture de la succession du donateur à la portion dont il pouvait disposer (art. 1090).

DEUXIÈME PARTIE.

DES DISPOSITIONS ENTRE ÉPOUX SOIT PAR CONTRAT DE MARIAGE, SOIT PENDANT LE MARIAGE.

CHAPITRE PREMIER.

DES DISPOSITIONS ENTRE ÉPOUX FAITES PAR CONTRAT DE MARIAGE.

De même que les tiers peuvent faire aux époux toute donation qu'ils jugeront convenable, de même il était juste de laisser la même liberté aux futurs époux, sauf certaines modifications (art. 1091).

Ils peuvent donc se faire donation de biens présents, donation de biens à venir, et donation de biens présents et à venir cumulativement.

1° La donation de biens présents entre époux par contrat de mariage, n'est point censée faite sous la condition de survie du donataire, si cette condition n'est formellement exprimée, et elle est soumise aux règles et formes indiquées à l'art. 1081, auquel l'art. 1092 se réfère.

Si la condition de survie de l'époux donataire était mise dans le contrat, il importe beaucoup de déterminer dans quel esprit elle a été écrite; car si c'est simplement comme droit de retour en cas de survie du donateur, la donation aura été faite sous condition résolutoire, et le donateur ne conservera pas la propriété des biens dont le donataire sera saisi du jour de la donation, tandis que si la condition est suspensive, la donation n'aura d'effet qu'à partir de la mort de l'époux donateur.

2° Les époux peuvent, comme nous l'avons dit plus haut, se faire des donations de biens à venir ou de biens présents et à venir cumulativement, soit simples, soit réciproques; mais elles ne sont point transmissibles aux enfants issus du mariage, en cas de prédécès de l'époux donateur (art. 1093).

La loi a supposé et avec raison, que le donateur préférait que ses enfants recueillent sa succession plutôt comme héritiers que comme donataires; du reste on applique les règles indiquées par l'art. 1082, pour l'institution contractuelle.

3° Quant à la donation de biens présents et à venir cumulativement, si l'état mentionné à l'art. 1084 a été annexé, et que l'époux donateur survive à l'époux donataire, on applique ce même art. 1084.

Le mineur ne peut, par contrat de mariage, donner à l'autre époux, soit par donation simple, soit par donation réciproque, qu'avec le consentement et l'assistance de ceux dont le consentement est requis pour la validité de son mariage, et avec ce consentement il pourra donner tout ce que la loi permet à l'époux majeur de donner à l'autre conjoint (art. 1095).

Ainsi, pour être regardé comme majeur, eu égard à son contrat de mariage, et pour pouvoir comme tel faire les dispositions qu'il jugera convenables, il faut que le mineur ait le consentement et l'assistance de ceux dont le consentement est requis pour la validité de son mariage : ce sont les ascendants, et à leur défaut le tuteur et le conseil de famille. Mais ici s'élève une grave question : la loi exige le consentement et l'*assistance* ; elle répète la même exigence dans les art 1309 et 1398 ; ce n'est donc pas sans un motif grave qu'elle a exigé cette double formalité.

Alors qu'entendre par le mot *assistance ?* sera-ce l'assistance physique, c'est-à-dire la présence du conseil de famille au contrat de mariage ? Je pense que la loi n'a exigé qu'une délibération du conseil de famille et le consentement et la présence du tuteur.

CHAPITRE II.

DES DONATIONS ENTRE ÉPOUX PENDANT LE MARIAGE.

Les époux peuvent aussi se faire toute donation pendant le mariage ; mais ces donations sont essentiellement révocables ; la révocation pourra en être faite par la femme, sans y être autorisée par le mari, ni par justice ; la survenance d'enfants ne les révoquera pas (art. 1096).

Ces donations ne pourront être faites par un seul et même acte, dans la crainte des difficultés qui auraient pu s'élever, sur le point de savoir si une libéralité devait être maintenue, l'un des époux ayant révoqué la sienne par un acte postérieur.

Elles seront faites par-devant notaires ; elles ont besoin de l'acceptation expresse.

Les donations de biens à venir entre époux pendant le mariage, sont caduques par le prédécès du donataire, il en est de même des donations de biens présents ; car elles sont révocables, et nous avons vu que les donations soumises à l'art. 1093, bien qu'irrévocables, sont caduques dans ce cas, à bien plus forte raison les donations entre époux pendant le mariage.

r   2.

TROISIÈME PARTIE.

DE LA QUOTITÉ DISPONIBLE DONT LES ÉPOUX PEUVENT DISPOSER AU PROFIT L'UN DE L'AUTRE, ET DES AVANTAGES INDIRECTS OU FAITS PAR PERSONNES INTERPOSÉES.

Quant à la quotité disponible dont les époux peuvent disposer au profit l'un de l'autre, soit par contrat de mariage, soit pendant le mariage, il faut distinguer le cas où le donateur ne laisse point d'enfants d'un autre lit et le cas contraire.

Premier cas. *Quotité disponible entre époux, lorsque l'époux donateur ne laisse pas d'enfants issus d'un précédent mariage.*

Cette disposition de la loi se trouve renfermée dans le texte de l'art. 1094, ainsi rédigé :

L'époux pourra, soit par contrat de mariage, soit pendant le mariage, pour le cas où il ne laisserait pas d'enfants ni descendants, disposer en faveur de l'autre époux en propriété de tout ce dont il pouvait disposer en faveur d'un étranger, et en outre de l'usufruit de la totalité de la portion, dont la loi prohibe la disposition au préjudice des héritiers.

Et pour le cas où l'époux donateur laisserait des enfants ou descendants, il pourra donner à l'autre époux, ou un quart en propriété, et un autre quart en usufruit, ou la moitié de tous ses biens en usufruit.

Il faut encore distinguer ici le cas où le donateur laisse des ascendants, et le cas où il laisse des descendants issus du mariage.

1° Le premier paragraphe de l'art. 1094, par le mot *héritiers*, n'entend autre chose que les ascendants qui seuls sont admis à la réserve. Ainsi, l'époux donateur, ne laissant ni enfants ni descendants, laisse cependant des ascendants dans l'une et l'autre ligne, il peut donner à son conjoint la moitié de ses biens en propriété et l'autre moitié en usufruit. S'il ne laisse des ascendants que dans une seule ligne, il peut donner à son conjoint les trois quarts en propriété et le quart restant en usufruit (arg. art. 915 et 1094).

Le droit de réserve des ascendants se trouve donc réduit à rien ou presque rien; il y a plus, lorsque le donateur laisse des frères ou sœurs, qui ne renoncent pas à sa succession, les ascendants existants, autres que les père ou mère, n'ont droit à aucune réserve (arg. art. 915 et 750).

L'époux donataire de l'usufruit de la portion réservée aux ascendants doit leur fournir caution (art. 601).

2° Quand l'époux laisse des enfants ou descendants issus du mariage, il peut ou il a pu disposer, au profit de son conjoint, d'un quart en propriété et d'un autre quart en usufruit, ou de la moitié en usufruit; il arrivera souvent que l'époux donateur aura fait des donations à ses enfants ou à des tiers, et alors on réglera le disponible pour chacun d'après les art. 1094 et 913 cbn., sans pouvoir toutefois dépasser le disponible le plus étendu.

DEUXIÈME CAS. *De la portion de biens que peut donner à son conjoint l'époux qui laisse des enfants d'un précédent mariage.*

L'homme ou la femme qui a des enfants d'un autre lit, et qui contracte un second ou subséquent mariage, ne peut donner à son nouvel époux qu'une part d'enfant légitime le moins prenant, et sans que dans aucun cas ces donations puissent excéder le quart des biens (art. 1098).

Cette disposition de l'art. 1098 est tirée de l'édit des secondes noces, rédigé par le chancelier de l'Hospital et promulgué sous François II.

L'édit des secondes noces avait pris cette disposition dans la loi *hac edictali* 6 au Code, *de secundis nuptiis.*

Mais cependant il y a une différence, en ce que sous l'empire du Code civil, la donation ne peut jamais s'élever au-dessus du quart.

Lorsqu'il y aura des donations faites à un enfant ou à des tiers, on combinera l'art. 913 avec l'art. 1098.

Mais ce n'est pas seulement aux donations directes et ouvertes qu'est applicable l'art. 1098; il l'est aussi au cas où il résulterait du système de communauté adopté par les époux des avantages en faveur du nouveau conjoint plus grands que ceux que permet cet article.

Ces avantages peuvent naître de la confusion du mobilier et des dettes (art. 1496), ou de l'attribution au nouvel époux de la totalité de la communauté (art. 1525 et 1527), ou de la stipulation d'un préciput à son profit (art. 1515 et 1527).

La réduction des donations excessives, faites au nouvel époux au mépris des art. 1098, 1496 et 1527, ne peut être demandée que par les enfants du mariage antérieur, mais au profit aussi aux enfants du nouveau mariage.

TROISIÈME CAS. *Des avantages indirects ou déguisés ou faits à personnes interposées.*

Les art. 1099 et 1100 préviennent les avantages indirects qu'auraient pu se faire les époux. Ils sont ainsi conçus (art. 1099): « Les époux ne « pourront se donner indirectement au delà de ce qui leur est permis « par les dispositions ci-dessus. »

« Toute donation ou déguisée ou faite à personnes interposées sera « nulle (art. 1100). Seront réputées faites à personnes interposées, les « donations de l'un des époux aux enfants ou à l'un des enfants de « l'autre époux issus d'un autre mariage, et celles faites par le donateur « aux parents dont l'autre époux sera héritier présomptif au jour de la « donation, encore que ce dernier n'ait pas survécu à son parent dona- « taire. »

Ainsi dans le cas de vente entre époux (art. 1595), les héritiers peuvent réclamer s'il y a eu avantage indirect.

Ainsi l'époux qui a renoncé à une succession dans la vue de la faire passer à son conjoint lui a fait un avantage indirect (art. 1099).

Les enfants naturels sont réputés personnes interposées.

PROCÉDURE CIVILE.

DE LA SÉPARATION DE BIENS ET DE LA SÉPARA- . TION DE CORPS.

(Code de procédure, art. 865 à 881, tit. 8 et 9, liv. 1, 2ᵉ partie.)

———

Le législateur a pensé que dans une matière aussi importante que celle qui nous occupe, il fallait s'écarter de la marche ordinaire, prendre certaines précautions, s'entourer d'une certaine solennité en donnant une grande publicité à ces deux procédures: la qualité des parties l'exigeait. Aussi a-t-il tracé des règles qui s'appliquent seulement à ces deux genres de procédure.

1° *De la séparation des biens.*

La procédure de la séparation de biens est une procédure solennelle: aussi la demande en séparation a besoin d'une requête en autorisation préalable à la demande elle-même (C. de pr., art. 865).

Cette requête doit être adressée au président du domicile du mari (C. de pr., art. 108).

Le président pourra, avant de donner l'autorisation, faire les observations qui lui paraîtront convenables.

La demande n'est pas susceptible du préliminaire de conciliation (C. de pr., art. 49, n° 7).

Elle est formée d'ailleurs par une assignation en la forme ordinaire; la demande consiste non pas dans la requête, mais bien dans l'assignation.

La demande sera rendue publique en suivant les formalités exigées par les art. 866, 867 et 868 du Code de procédure.

On ne pourra demander le jugement qu'après le délai d'un mois à partir de l'exécution des formalités prescrites.

Ces formalités seront observées à peine de nullité, nullité qui pourra être opposée par le mari et même par les créanciers.

Du reste on pourra demander jugement pour les mesures conservatoires.

L'aveu du mari ne fera pas preuve, lors même qu'il n'y aurait pas de créanciers, car la loi ne veut pas de séparation volontaire (C. civ., art. 1443).

Les créanciers ont le droit de demander communication de la demande par acte d'avoué à avoué, et même d'intervenir en présentant une requête aux président et juges composant le tribunal de première instance.

L'instruction se fait en la manière ordinaire (C. civ., art. 307).

Le jugement de séparation est rendu public de la manière prescrite par l'art. 872 du Code de procédure.

L'exécution du jugement doit être commencé dans la quinzaine de la prononciation, car l'art. 1444 n'est pas modifié par l'art. 872 du Code de procédure civile, et ce à peine de nullité.

La femme doit être considérée comme ayant commencé l'exécution du jugement dans la quinzaine de sa prononciation, lorsqu'elle l'a fait signifier au mari avec commandement d'y satisfaire, ou avec sommation de se présenter chez un notaire pour procéder avec elle à la liquidation de ses reprises.

Si les formalités prescrites ont été observées, les créanciers du mari, après le délai d'un an, ne pourront plus attaquer par tierce opposition le jugement de séparation ; mais cette prescription ne s'applique pas à l'acte de liquidation, tout à fait distinct du jugement de séparation (Cassat., 11 nov. 1835, Sirey, XXXVI, 1, 116).

Si l'exécution du jugement n'a pas eu lieu dans les formes prescrites par l'art. 1444 du Code civil, bien qu'on ait observé les formalités voulues pour la publicité, et qu'un an se soit écoulé depuis, on peut attaquer le jugement de séparation.

Si les époux veulent faire cesser la séparation de biens, ils se conformeront à l'art. 1451 du Code civil.

2. *De la séparation de corps.*

Avant d'intenter la demande en séparation de corps, l'époux qui veut l'intenter est tenu de présenter une requête au président du tribunal de son domicile (C. c., art. 108).

Outre l'énonciation sommaire des faits constituant les griefs du demandeur, la requête doit articuler formellement la demande en séparation de corps. Le président répond par une ordonnance portant que les parties comparaîtront devant lui au jour indiqué par ladite ordonnance.

Les parties doivent se présenter en personne, sans pouvoir se faire assister d'avoués ni de conseils, et si le rapprochement tenté par le président, conformément à l'art. 578 du Code de procédure, n'a pas lieu entre les deux époux, il n'est pas nécessaire de tenter le préliminaire de conciliation au bureau de paix; il n'est pas besoin non plus, dans aucun cas, de faire afficher la demande et de la publier, ainsi que cela doit avoir lieu en matière de séparation de biens.

Alors le président rendra une seconde ordonnance, autorisant le demandeur à assigner le défendeur. Le président ordonne du reste les mesures indiquées par la fin de l'art. 878.

La demande en séparation de corps s'instruit dans les mêmes formes que les autres demandes (C. c., art. 307 ; C. de pr., art. 879).

L'enquête doit avoir lieu, comme en matière ordinaire, devant un juge-commissaire; elle ne peut être faite sommairement et à l'audience. Du reste, le demandeur est recevable à proposer, à l'appui de sa demande, des faits qu'il aurait omis d'indiquer dans sa requête introductive.

Les créanciers du mari ne peuvent intervenir dans la demande en séparation de corps; mais ils ont le droit de surveiller la liquidation, afin qu'elle ne se fasse pas en fraude de leurs intérêts.

La demande se juge comme toute autre demande et sur les conclusions du ministère public.

En cas d'appel, il doit y être statué en audience ordinaire (ordonnance royale du 16 mai 1835, qui modifie l'art. 22 du décret du 30 mars 1808, et statue que les affaires de séparation de corps seront jugées sur appel en audience ordinaire).

Le jugement qui prononce la séparation de biens sera rendu public dans les formes voulues par l'art. 872, auquel se réfère l'art. 880.

Ce n'est qu'à partir de l'accomplissement de ces formalités que ce jugement, et par conséquent la séparation de biens qui en est la suite (C. c., art. 301), est efficace à l'égard des tiers; mais la disposition de l'art. 1444 ne s'applique pas.

Les demandes en provision seront portées à l'audience (C. de pr., art. 878), provision alimentaire (C. c., art. 268).

Lorsque la femme n'a pas assez de fortune personnelle pour subvenir aux frais de la demande, elle est autorisée à demander par forme de provision une certaine somme, destinée à faire face aux frais du procès, et dont le montant sera déterminé par le tribunal.

La femme commune en biens est autorisée, pour la conservation de ses droits, à partir de l'ordonnance prescrite par l'art. 878 du Code de procédure, à requérir l'apposition des scellés sur les effets mobiliers de la communauté (C. c., art. 1270).

JUS ROMANUM.

DE DONATIONIBUS ANTÈ NUPTIAS, VEL PROPTER NUPTIAS.

Erat apud Romanos genus quoddam donationis, quod veteribus quidem prudentibus penitus erat incognitum, posteà autem ab imperatoribus introductum est.

Hæc donatio antè nuptias vel antenuptialis dicebatur et tacitam in se conditionem habebat, ut tunc rata esset, cùm matrimonium insecutum fuerit; ideòque antè nuptias appellabatur, quod antè matrimonium efficiebatur; et nunquàm post nuptias celebratas tatis donatio procedebat (Inst. de donationibùs, § 3).

Justinus quidem imperator, cùm permissum fuerat dotes augere et post nuptias, permisit, si quid tale eveniret, etiam antè nuptias, constante matrimonio augere donationem; Justinianus autem constituit ut talis donatio non augeretur tantùm, sed et constante matrimonio initium acciperet, et non ante nuptias sed propter nuptias vocaretur.

Donatio propter nuptias seu à marito, seu abalio quocumque in dotis securitatem et compensationem fieri poterat; et in intuitu dotis constitui solebat.

Hujusmodi donatio, absque dote vel constitutâ, vel constituendâ intelligi non poterat; eodem modo quo dotis constitutio fiebat, neque intererat sive ante, sive post matrimonium, modò æquali cum dote quantitate fieret.

Maritus percipit fructus donationis tàm naturales quàm civiles. Per donationem verò constituta bona, alienare, nec super ea hypothecam constituere, etiam uxore consentiente, ei non licebat.

Uxori tacita et generalis hypotheca super mariti cætera bona in securitatem donationis competebat (L. 18, Cod. de donat. ante nuptias).

DE DONATIONIBUS INTER VIRUM ET UXOREM.

Moribus apud Romanos receptum erat, ne inter virum et uxorem donationes valerent; hoc autem receptum erat, ne mutuato amore invicem spoliarentur (L. 1, ff. de donat. inter vir. et uxor.).

Hujusmodi donatio, eâ lege valebat, ut donator non mutatâ voluntate, prior decederet. Hoc autem agebatur propter plures causas.

Non prohibentur inter virum et uxorem donationes, quùm qui accipit locupletior, vel qui donat pauperior non fit; pauperior verò dicitur is, qui patrimonium suum diminuit, non verò qui lucri occasionem omisit.

1° Valet hujus modi donatio, cùm fit in compensationem benefacti (L. 7, ff. eod. tit.).

2° Si maritus heres institutus repudiet hereditatem, donationis causâ, valet donatio, neque enim pauperior fit, qui non adquirit, sed qui de patrimonio suo deposuit.

Simili modo et si legatum repudiet, valet donatio, si mulier substituta sit in legato, vel etiam si eodem testamento hæres instituta fuerit (L. 5, ff. eod. tit.).

3° Si quis marito aliquid legaturus, aut hereditatis nomine relicturus est, potest à marito rogatus, uxori relinquere.

4° Ad processus viri uxorei donare potest (L. 41, ff. eod. tit.) honoris causâ hæc donatio appellatur.

5° Si vir uxori, cujus ædes incendio consumptæ sunt, ad refectionem earum pecuniam donaverit, valet donatio, in tantum in quantum ædificii extructio postulat (L. 14, ff. eod. tit.).

Donationes inter vivos tantùm, inter conjuges prohibentur; licet eis mortis causâ sibi invicem donationes facere, dùmmodò post dissolutum matrimonium effectum accipiant. Medio tempore, dominium remanet apud eum qui donavit (L. 11 in principio, ff. eod. tit.).

Si ex priore matrimonio procreatis liberis, pater materve ad secunda vota migraverit, non est ei licitum, novercæ vel vitrico plus relinquere, quàm filio, vel filiæ, si unus vel una extiterit.

Quod si plures liberi fuerint, singulis æquas partes habentibus, minimè plùs quàm ad unumquemque eorum pervenerit, ad eorum licet vitricum novercamve transferri.

Sin autem non ex æquis portionibus ad eosdem liberos, memoratæ transierint facultates, tùm quoque non licet plus eorum novercæ vel vitrico relinquere, quàm filius, vel filia habet, cui minor portio data fuit (Lege edictali 6, Cod. de secundis nuptiis).

FIN.

9 782019 325763